BEI GRIN MACHT SICH IHR
WISSEN BEZAHLT

Andre Exner

Secure Socket Layer (SSL) - Sicherheit im Internet

GRIN Verlag

Bibliografische Information der Deutschen Nationalbibliothek:

Die Deutsche Bibliothek verzeichnet diese Publikation in der Deutschen National-
bibliografie; detaillierte bibliografische Daten sind im Internet über http://dnb.d-
nb.de/ abrufbar.

Dieses Werk sowie alle darin enthaltenen einzelnen Beiträge und Abbildungen
sind urheberrechtlich geschützt. Jede Verwertung, die nicht ausdrücklich vom
Urheberrechtsschutz zugelassen ist, bedarf der vorherigen Zustimmung des Verla-
ges. Das gilt insbesondere für Vervielfältigungen, Bearbeitungen, Übersetzungen,
Mikroverfilmungen, Auswertungen durch Datenbanken und für die Einspeicherung
und Verarbeitung in elektronische Systeme. Alle Rechte, auch die des auszugsweisen
Nachdrucks, der fotomechanischen Wiedergabe (einschließlich Mikrokopie) sowie
der Auswertung durch Datenbanken oder ähnliche Einrichtungen, vorbehalten.

Impressum:

Copyright © 2001 GRIN Verlag GmbH
Druck und Bindung: Books on Demand GmbH, Norderstedt Germany
ISBN: 978-3-640-11412-2

Dieses Buch bei GRIN:

http://www.grin.com/de/e-book/102356/secure-socket-layer-ssl-sicherheit-im-internet

GRIN - Your knowledge has value

Der GRIN Verlag publiziert seit 1998 wissenschaftliche Arbeiten von Studenten, Hochschullehrern und anderen Akademikern als eBook und gedrucktes Buch. Die Verlagswebsite www.grin.com ist die ideale Plattform zur Veröffentlichung von Hausarbeiten, Abschlussarbeiten, wissenschaftlichen Aufsätzen, Dissertationen und Fachbüchern.

Besuchen Sie uns im Internet:

http://www.grin.com/

http://www.facebook.com/grincom

http://www.twitter.com/grin_com

Fachhochschule Hannover
Fachbereich Wirtschaft

Secure Socket Layer
- Sicherheit im Internet -

Ausarbeitung

Fach: Kommunikationssysteme

WS 2000/2001

Einleitung

Das Internet hat sich in den vergangenen Jahren zu einem relevanten Absatzkanal entwickelt. Der Wertschöpfungsprozess im Internet, also e-commerce, erfordert diverse Sicherheitsmaßnahmen, die durch die technischen Rahmenbedingungen erfüllt werden müssen.

Die Secure Socket Layer (SSL) sind eine Protokollfamilie, die durch die Verwendung kryptographischer Algorithmen private, authentifizierte und integre Client-Server Kommunikation ermöglichen (vgl. http://developer. netscape.com/docs/manuals/security/sslin/contents.htm).

SSL ermöglicht insbesondere:

- Server Authentifizierung, die Sicherstellung der Identität des Servers
- Client Authentifizierung, die Sicherstellung der Identität des Clients
- Verschlüsselte Datenübertragung
- Integrität

SSL wurde ursprünglich 1994 von dem amerikanischen Unternehmen Netscape als proprietäre Lösung für ein verbindungsorientiertes Sicherheitsprotokoll auf der Datenschicht entwickelt. Bereits ein Jahr später wurde SSL von der Internet Engineering Task Force (IETF) genormt. Die Transport Layer Security (TLS), eine Arbeitsgruppe der IETF, erarbeitet z.Zt. auf Basis der aktuellen Version 3.0 von SSL einen neuen Standard.

1. SSL Schichtenmodell

Das OSI-Basisreferenzmodell, ein standardisiertes Architekturmodell für Datenkommunikation in offenen Systemen, sieht sieben Schichten vor, die im Idealfall jeweils durch ein eigenes Protokoll implementiert werden. Im Internet wird für die Datenkommunikation die TCP/IP Protokollfamilie eingesetzt. TCP/IP steht für Transmission Control Protocol/Internet Protocol und deckt zwei Schichten des Modells ab. Bei der Entwicklung dieser Protokolle ging man von einem geschlossenen Nutzerkreis aus, daher wurden die oben aufgeführten Sicherheitsanforderungen vernachlässigt. Ziel der Entwicklung war vielmehr Robustheit und Betriebssicherheit und die einfache Implementierung. Das ist auch der Grund dafür, dass TCP/IP von allen wichtigen Betriebssystemen unterstützt wird und damit Kommunikationsgrundlage vieler heterogener Netzwerke ist.

SSL erweitert TCP/IP um zwei weitere Schichten (Layer), die oberhalb der Transportschicht, z.B. TCP oder UDP, und unterhalb der Anwendungsschicht residieren. Die Verschlüsselungs- und Übertragungsschicht (SSL Record Layer) bearbeitet die übergebenen Anwendungsdaten:

- Fragmentierung in Blöcke von maximal 16K Größe
- Komprimierung und Verschlüsselung der Blöcke
- Übergabe der verschlüsselten Blöcke an die darunter liegende Transportschicht (z.B. TCP)

Die zweite darauf aufbauende SSL Schicht besteht aus vier verschiedenen Protokollen mit unterschiedlichen Aufgaben:

- Das SSL Application Data Protokoll wickelt die Datenübermittlung zwischen der Anwendung und SSL ab
- Das SSL Alert Protokoll dient der Weiterleitung von Warn- und Fehlermeldungen
- Das SSL Change Cipher Spec Protokoll initialisiert die festgelegten kryptographischen Verfahren
- Über das SSL Handshake Protokoll wird zwischen Client und Server das zu verwendende kryptographische Verfahren ausgehandelt

Die SSL Schichten sind für die umgebenden Schichten transparent. Zu dem lässt die Organisation als eigene Schicht zu, dass auf

Anwendungsebene unterschiedlichste Anwendungsprotokolle genutzt werden können, insbesondere:

- HTTP via SSL (HTTPS) für WorldWideWeb (WWW) Anwendungen
- SMTP via SSL (SSMTP) den e-Mail Versand
- POP 3 via SSL (SPOP 3) für den e-Mail Empfang
- NNTP via SSL (SNNTP) für Newsgroupanwendungen
- Telnet via SSL (TELNETS) für Telnet

Auf Anwendungsebene können auch zusätzliche Sicherheitsprotokolle eingesetzt werden, um die Sicherheit zu erhöhen. Verbreitet ist in diesem Zusammenhang SET (vgl. Luther, S.107).

2. SSL Grundlagen

SSL nutzt hybride Kryptographie, also sowohl asymmetrische (Public Key) als auch symmetrische (Private Key) Verfahren. Asymmetrische Verfahren arbeiten mit einem aus öffentlichen und privaten Schlüssel bestehenden Schlüsselpaar. Der öffentliche Schlüssel wird verbreitet, während der private Schlüssel geheim gehalten wird. Eine mit dem einen Schlüsselteil verschlüsselte Nachricht kann nur mit dem anderen Schlüsselteil entschlüsselt werden. Die Generierung des privaten Schlüssels aus dem öffentlichen Schlüssel ist dabei nahezu unmöglich. Insofern ist das größte Sicherheitsrisiko die Veröffentlichung des privaten Schlüssels. Das Sicherheitsrisiko ist damit geringer als bei symmetrischen Verfahren, bei denen ein Schlüssel zum Ver- und Entschlüsseln genügt. Asymmetrische Verfahren erfordern im Vergleich zu symmetrischen Verfahren sehr viel Rechenzeit, sind also „langsam". Insbesondere eine hardwaregestützte Implementierung ist im Gegensatz zu symmetrischen Verfahren schwierig durchzuführen.

Symmetrische Verfahren hingegen sind sehr kompakt und effizient und damit schneller als asymmetrische Verfahren. Symmetrischen Verfahren liegt ein Schlüssel zu Grunde, mit dem Nachrichten verschlüsselt und entschlüsselt werden. Dieser Schlüssel muss geheim bleiben, da dass jeweilige Verschlüsselungsverfahren bekannt ist.

SSL nutzt asymmetrische Verschlüsselungsverfahren für die Authentifizierung, für den Austausch der Nutzdaten, d.h. für die tatsächliche Sicherung eines Kanals, werden symmetrische Verschlüsselungsverfahren eingesetzt. Die Integrität wird mittels verschiedener Hashingverfahren sichergestellt. Dabei werden eindeutige Prüfsummen erzeugt, anhand derer die Kommunikationspartner prüfen können, ob eine Nachricht verändert worden ist. Es ist nicht möglich aus den Prüfsummen, die ursprüngliche Nachricht zu rekonstruieren.

Für die Authentifizierung ist es notwendig, dass Client und Server über ein Zertifikat nach dem X.509 Standard verfügen. Mit dem Zertifikat verbürgt sich eine Zertifizierungsstelle für die Herkunft des mit dem Zertifikat übermittelten öffentlichen Schlüssels des Zertifikatinhabers. Grundsätzlich unterstützt SSL auch die Schlüsselübergabe ohne Zertifikat (vgl. http://www.faq.de/sicherheit/ssl/faq_5.htm).

3. Verbindungsaufbau – Handshaking

Die Authentifizierung der Kommunikationspartner und die Generierung des Sitzungsschlüssels für den Nachrichtenaustausch wird in einem Prozess durchgeführt, der „Handshaking" heißt und nach dem Handshakeprotokoll durchgeführt wird (vgl. http://developer.netscape.com /docs/manuals/security/sslin/contents.htm).

Im ersten Schritt, dem sogenannten „Client-Hello", baut der Client eine Verbindung zum Server auf. Dabei werden folgende Informationen an den Server übermittelt:
- Die SSL Versionsnummer des Client
- Eine Zufallsdatenstruktur, das sogenannte ClientHello.random, bestehend aus der Systemzeit des Clients (32 Bytes) und einer Zufallszahl (28 Bytes)

- Ein Sitzungsidentifikator, durch den die Sitzung eindeutig identifiziert wird
- Eine Liste von Verschlüsselungs- und Hashingverfahren, die vom Client unterstützt werden
- Eine Liste von Komprimierungsverfahren, die vom Client unterstützt werden

Besonderes Augenmerk ist auf die Zufallsdatenstruktur zu legen. Sie bildet die Grundlage für die Generierung der späteren Sitzungsschlüssel für den verschlüsselten Datenaustausch. Die Zufallsdatenstruktur ist zunächst nur dem Client bekannt und ist für die jeweilige Sitzung einmalig.

Der Server beantwortet das ClientHello mit dem ServerHello, dabei werden an den Client folgende Informationen übermittelt:
- Die SSL Versionsnummer des Servers
- Eine Zufallsdatenstruktur, das sogenannte ServerHello.random, bestehend aus der Systemzeit des Servers (32 Bytes) und einer Zufallszahl (28 Bytes)
- Ein Sitzungsidentifikator, der die Sitzung eindeutig identifiziert
- Der Server wählt aus der vom Client übermittelten Liste der Verschlüsselungs-, Komprimierungs- und Hashingverfahren eine geeignete Kombination aus und teilt die Wahl dem Client mit

Weiterhin übermittelt der Server seinen öffentlichen Schlüssel in Form eines X.509 Zertifikats, sofern dieses vorhanden ist. Ist eine Authentifizierung des Client gewünscht, fordert der Server das Client-Zertifikat an. Abgeschlossen wird das ServerHello mit dem ServerHelloDone.

Als nächstes führt der Client die Authentifizierung des Servers auf Basis des Serverzertifikats durch. Dabei wird folgendes geprüft:
- Liegt das heutige Datum im Gültigkeitszeitraum des Zertifikats?

- Kann der beglaubigenden Zertifizierungsstelle geglaubt werden, also liegt ein gültiges Root-Zertifikat vor?
- Kann mit dem öffentlichen Schlüssel der Zertifizierungsstelle die digitale Signatur des Zertifikatsausstellers erfolgreich geprüft werden?
- Ist der Domainname des Servers identisch mit dem Domänennamen im Zertifikat?

Können alle Fragen bejaht werden, so gilt aus Sicht des Clients der Server als authentifiziert und dem öffentlichen Schlüssel des Servers wird vertraut.

Nach erfolgreicher Authentifizierung sendet der Client das ClientKeyExchange mit dem sogenannten Pre-Master-Secret. Das Pre-Master-Secret wird auf Basis der Zufallsstruktur generiert, die während des ClientHellos erzeugt wurde. Das Pre-Master-Secret ist eine Vorstufe zu den im weiteren Prozess noch zu generierenden Sitzungsschlüsseln. Das Pre-Master-Secret ist 48 Byte groß und wird mit dem öffentlichen Schlüssel des Servers verschlüsselt.

Wurde während des ServerHello ein Client-Zertifikat angefordert, wird dieses nun an den Server übermittelt.

Der Server überprüft ein etwaiges Client-Zertifikat in gleichem Maße wie es der Client zuvor mit dem Server-Zertifikat gemacht hat. Nach erfolgreicher Authentifizierung des Clients entschlüsselt der Server mit seinem privaten Schlüssel das Pre-Master-Secret des Clients und erzeugt daraus das Master-Secret, die letzte Vorstufe auf dem Weg zu den symmetrischen Sitzungsschlüsseln. In das Master-Secret fließen die Zufallsstrukturen von Server und Client ein, so dass das Master-Secret und damit auch die Sitzungsschlüssel aus einmaligen Daten dieser Sitzung bestehen. Parallel dazu generiert der Client unabhängig vom Server ebenfalls das Master-Secret auf Basis des Pre-Master-Secrets.

Im nächsten Schritt werden auf Basis des Master-Secrets die Sitzungsschlüssel generiert. Client und Server führen dies unabhängig voneinander durch, so dass nur, wenn die vorhergehenden Schritte erfolgreich durchgeführt werden konnten, kompatible Sitzungsschlüssel vorliegen, mit denen die Verschlüsselung der Nutzdaten durchgeführt wird.

Im nächsten Schritt sendet der Client das sogenannte ChangeCipherSpec und „finished". Damit kündigt der Client an, dass seine Nachrichten ab diesem Zeitpunkt verschlüsselt übertragen werden und der Handshake-prozess beendet ist. Für diesen Verschlüsselungswechsel ist eine genaue Abfolge von Aktionen vorgesehen, die im ChangeCipherSpec Protokoll definiert ist.

Der Server antwortet ebenfalls mit dem ChangeCipherSpec und „finished", um seinerseits die verschlüsselte Übertragung und die Beendigung des Handshakeprozesses anzukündigen.

Damit ist das „Handshaking" beendet und eine über die Sitzungsschlüssel gesicherte Verbindung zwischen Client und Server ist aufgebaut.

4. SSL Varianten

Die Secure Socket Layer liegen heute in verschiedenen Varianten vor. SSL 2 sieht nur die Authentifizierung des Servers vor und garantiert dem Client die Identität des Servers. Insbesondere das sogenannte „IP-Spoofing", das Vorspiegeln einer anderen Identität, kann damit aus Clientsicht verhindert werden.

SSL 3 erfordert die Authentifizierung und damit die Zertifizierung von Client und Server. Dieses Verfahren hat in der Praxis allerdings eine untergeordnete Rolle, da die Clients meist nicht über ein Zertifikat verfügen, das ihre Identität bestätigt (vgl. http://www.mersch.com/research/xchange/ssl.htm).

Mit „Fortezza" wird eine weitere Variante von SSL bezeichnet, bei der Hardware für die Verschlüsselung zum Einsatz kommt. Als asymmetrisches Verschlüsselungsverfahren kommt dabei das Key Exchange Algorithm Verfahren zum Einsatz. Fortezza kommt insbesondere bei den Behörden der USA zum Einsatz, wenn sensible Daten übermittelt werden sollen.

5. Kombinationen von Verschlüsselungsverfahren

SSL gilt als besonders flexibel, da es diverse Verschlüsselungsverfahren unterstützt. Diese können allerdings nicht in beliebiger Kombination eingesetzt werden, sondern nur in bestimmten Kombinationen, den sogenannten „Suites". Tabelle 1 zeigt die im Zusammenspiel mit dem asymmetrischen Verschlüsselungsverfahren „RSA" unterstützten Suites.

Verschlüsselungsstärke /Einsatzgebiet	Verschlüsselungsverfahren
Stärkste von SSL unterstütze Verschlüsselung, geeignet für den Einsatz im Zusammenhang mit höchst sensiblen Daten	Triple DES 168 Bit Verschlüsselung mit SHA-1 Message Authentification für die Sicherstellung der Integrität
Starke von SSL unterstützte Verschlüsselung, geeignet für den Einsatz im Wirtschaftsbereich	RC2/RC4 128 Bit Verschlüsselung mit MD5 Message Authentification für die Sicherstellung der Integrität. RC2 wird nicht von SSL 2 unterstützt
	DES 56 Bit Verschlüsselung mit SHA-1 Message Authentification. SSL 2 nutzt statt SHA-1 MD5 Message Authentification
Stärkste weltweit exportfähige Verschlüsselung, geeignet für den	RC2/RC4 40 Bit Verschlüsselung mit MD5 Message Authentification,

weltweiten Einsatz. Abhängig vom Einsatzland kann eine stärkere Verschlüsselung exportfähig sein	RC4 zählt zu den schnellsten Verschlüsselungsverfahren. Die Schlüssel sind zwar 128 Bit lang, jedoch haben nur 40 Bit kryptographische Bedeutung
Schwächste Verschlüsselung, zur Authentifizierung und Sicherstellung der Identität bedingt geeignet	Keine Verschlüsselung, aber Sicherstellung der Integrität durch MD5 Message Authentification

Hinzu kommen noch diverse Verschlüsselungsverfahren im Zusammenhang mit Fortezza, insbesondere die durch Hardwareeinsatz implementierte Verfahren „Key Exchange Algorithm" und SKIPJACK (vgl. http://developer.netscape.com/docs/manuals/security/sslin/contents.htm).

6. SSL in der Praxis

Die häufigsten Berührungspunkte mit SSL finden sich in der Praxis bei der Nutzung von Internetbrowsern oder beim Einrichten eines Webservers, der bestimmte Sicherheitskriterien erfüllen soll.

6.1. Internetbrowser

Durch die frühzeitige Normung von SSL unterstützen alle gängigen Internetbrowser die Versionen 2 und 3. Der Internet Explorer unterstützt in der Version 5 auch Fortezza. Die Browser bieten die Möglichkeit einzelne Varianten abzuschalten, in diesem Zusammenhang sind auch die Sicherheitseinstellungen bezüglich der Behandlung von Zertifikaten von Bedeutung. Zu beachten ist, dass eine SSL Verbindung nur dann sicher ist, wenn ihr starke kryptographische Verfahren zugrunde liegen. Eine sichere SSL-Verbindung kann so bereits durch die amerikanischen Exportbeschränkungen bezüglich der Schlüssellänge verhindert werden.

Durch die Eingabe einer mit „https" beginnenden URL wird der Browser aufgefordert, eine SSL Verbindung zu initiieren. Der Browser nimmt dabei eine Verbindung zum entsprechenden Server und startet das oben beschriebene Handshakeprotokoll. Konnte eine sichere Verbindung im Sinne von SSL aufgebaut werden, so wird dies durch ein geschlossenes Schloss im Statusbar des Browsers angezeigt. Ist das Schloss geöffnet oder wird nicht angezeigt, bedeutet dies, dass eine ungesicherte HTTP-Verbindung aufgebaut wurde. Es ist nicht zu empfehlen, über eine solche Verbindung sensible Daten zu verwenden.

Der Aufbau einer SSL Verbindung ist für den Benutzer des Internetbrowsers sehr anwenderfreundlich und geschieht im Hintergrund. Benutzermeldungen des Browsers tauchen häufig dann auf, wenn es Probleme bei der Authentifizierung des Servers gibt. Dies ist meist darauf zurückzuführen, dass das Serverzertifikat nicht den Anforderungen entspricht, da z.B. dem Browser die Zertifizierungsstelle nicht bekannt ist. In diesem Fall kann der Benutzer den Browser anweisen, der Identität des Servers zu glauben und die Verbindung aufzubauen.

Für die Clientauthentifizierung nach SSL 3 ist es erforderlich, ein Clientzertifikat in den Browser zu importieren. Dieser sendet dieses auf Anforderung an einen danach verlangenden authentifizierten Server.

6.2. Webserver

Viele kommerzielle Webserver verfügen bereits über integrierte SSL Unterstützung, so dass diese bereits nach der Installation vorliegt. Insbesondere das Netscapeprodukt I-Planet ist zu nennen. Der weitverbreitete als „Open Source" verbreitete Webserver „Apache" verfügt in der Basisversion allerdings nicht über entsprechende SSL Unterstützung. Verschiedene Erweiterungspakete sind verfügbar, über die größte Verbreitung verfügt dabei das Paket SSLeay (vgl. http://www.ultranet.com/~fhirsch/Papers/wwwj/article.html). Die Installation dieses Pakets erweitert Apache um SSL-Fähigkeiten. Bei der Installation wird ein aus öffentlichen und privaten Schlüssel bestehendes Schlüsselpaar erzeugt, dass für die asymmetrische Verschlüsselung benutzt wird. Der öffentliche Schlüssel sollte von einer Zertifizierungsstelle beglaubigt werden. Diese stellt ein Zertifikat aus, dass die Zugehörigkeit des öffentlichen Schlüssels zu der entsprechenden Domain bestätigt. Dieses Zertifikat muss im Webserver integriert werden. Das Zertifikat wird auf Anforderung eines Clients versendet und dient zur Authentifizierung des Servers durch den Client. In der Praxis wird eine spezielle Webserverinstanz eingerichtet, die ausschließlich HTTP über SSL (HTTPS) Verbindungen annimmt. Eine weitere Instanz übernimmt dann die HTTP Anfragen. Die Standardports für SSL-Verbindungen sind (vgl. Luther, S. 107):

- HTTP über SSL Port 443
- Telnet über SSL Port 992
- SMTP über SSL Port 465
- POP3 über SSL Port 995
- NNTP über SSL Port 563

7. SSL Status Quo und Ausblick

SSL ist heute ein weitverbreiteter Standard. Das Verfahren ist zukunftsweisend, da SSL sehr flexibel bei der Unterstützung gängiger und sicherlich auch zukünftiger kryptographischer Verfahren ist. Die Schichtenarchitektur hat ebenfalls zum großen Erfolg beigetragen.

In naher Zukunft wird SSL durch die Transport Layer Security 1.0 (TLS) abgelöst werden. Wie die Namensähnlichkeit schon vermuten lässt, basiert TLS zu großen Teilen auf SSL und wird deren Erfolg fortführen. Zur Zeit liegt TLS als Arbeitspapier der Internet Engineering Task Force vor (vgl. ftp://ftp.isi.edu/in-notes/rfc2246.txt).

Schrifttumsverzeichnis

Luther, Jörg: Sichere Verbindungen im Netz, in InternetWorld, Ausgabe 8/2000, S. 107 – 108

Internet: Secure Socket Layer

http://www.mersch.com/research/xchange/ssl.htm

Internet: Introducing SSL and Certificates using SSLeay

http://www.ultranet.com/~fhirsch/Papers/wwwj/article.html

Internet: Introduction into SSL

http://developer.netscape.com/docs/manuals/security/sslin/contents.htm

Internet: SSL – Sichere Verbindungen im Netz

http://www.faq.de/sicherheit/ssl/faq_5.htm

Internet: IETF Standard TLS 1.0

ftp://ftp.isi.edu/in-notes/rfc2246.txt

.